Anu Stohner ∗ Henrike Wilson

Ich bin aber
noch kein bisschen müde

Klára, dem kleinen Murmeltier in Brno
Anu

✻ ✻ ✻

Für den allerbesten Fabian
Henrike

Anu Stohner
Henrike Wilson

ICH BIN ABER NOCH KEIN BISSCHEN MÜDE

dtv

Man denkt immer, nur Menschenkinder wollten abends nicht schlafen. Aber es gab mal ein kleines Murmeltier, bei dem war es ganz genauso. Es war eigentlich immer lieb und nett, nur abends, wenn es schlafen sollte, machte es Theater: Wenn Mama oder Papa Murmeltier mit der Gutenachtgeschichte fertig waren, wollte es noch eine hören. Und dann noch eine und

noch eine. Und wenn Mama oder Papa noch ein Liedchen pfiffen und sagten, nun sei es aber mal genug, rief es: »Ich bin aber noch kein bisschen müde!«
Da wussten sich die armen Murmeleltern eines Tages keinen Rat mehr und gingen die kluge Eule fragen, was sie denn nur machen sollten.

Die kluge Eule war schon alt, aber von einem kleinen Murmeltier, das nicht schlafen wollte, hatte sie auch noch nie gehört.
»Bei kleinen Eulen muss man warten, bis es hell genug ist«, sagte sie. »Je heller, desto besser schlafen sie ein. Aber ihr Murmeltiere schlaft ja nachts.«

»Alle, nur unser kleines Murmelchen nicht«, seufzte Mama Murmeltier.
»Trotzdem danke«, seufzte Papa Murmeltier.
»Fragt aber unbedingt noch jemand anderen!«, riet die kluge Eule, aber das hätten die Murmeleltern sowieso gemacht.

Und abends war es wieder genau dasselbe: Das kleine Murmeltier wollte und wollte nicht schlafen. Dabei stand schon der Mond am Himmel und gerade war die erste Fledermaus vorübergehuscht. Da reichte es Papa Murmeltier und er beschloss, gleich jetzt bei ein paar Freunden vorbeizuschauen und zu fragen, ob sie vielleicht ein gutes Einschlafrezept wussten. »Aber das Kleine nimmst du bitte mit!«, sagte Mama Murmeltier, die heute ihren freien Abend hatte.

»Au ja, ich bin sowieso kein bisschen müde!«, freute sich das kleine Murmeltier.
»Ich weiß«, seufzte der Murmelpapa und nahm es huckepack.
So machten sie sich auf den Weg.
Sie waren noch nicht weit, da flatterte Papa Murmeltier schon eine Fledermaus vor der Nase herum.
»Hab zuuufällig gehört, worum es geeeht«, säuselte sie.

Fledermäuse hören alles, das wusste jeder im Wald.

»Und?«, fragte Papa Murmeltier, der sich nicht vorstellen konnte, dass die Fledermäuse ein passendes Einschlafrezept wussten.

»Geraaade hängen!«, säuselte die Fledermaus. »Wer nicht eiiinschlafen kann, hängt meiiistens nur schief!«

»Gut zu wissen«, sagte Papa Murmeltier, weil er nicht unhöflich sein wollte.
»Geeern gescheeehn!«, säuselte die Fledermaus.
Und das kleine Murmeltier? – Das stellte sich vor, wie es mit Mama und Papa im Baum hing, und musste lachen.

Na gut. Dass die Fledermäuse ihm helfen konnten, hatte Papa Murmeltier auch nicht erwartet. Aber vielleicht wussten ja die Biber Rat.
»Aber sicher!«, sagte Papa Biber, als der Murmelpapa ihn fragte. »Wir lassen die kleinen Racker an zu dicken Bäumen nagen! Nichts macht sie so müde wie zu dicke Bäume.«

»Da sind sie froh, wenn sie endlich schlafen dürfen«, erklärte Mama Biber.
»Ich denk drüber nach, schönen Dank auch!«, sagte Papa Murmeltier.
Und das kleine Murmeltier? – Das stellte sich vor, wie es an dicken Bäumen nagen sollte, und fand das überhaupt nicht witzig.

Aber das kleine Murmeltier brauchte sich keine Sorgen zu machen. Sein Papa wusste ja, dass Murmeltiere keine Biberzähne haben. Dass er darüber nachdenken wolle, hatte er nur aus Höflichkeit gesagt. Und als Nächstes fragte er die Raben.
»Unser Einschlafrezept?«, krächzte Papa Rabe. »Wir packen die Herzchen im Nacken und fliegen im Kreis.«

»Dabei sind sie noch alle eingeschlafen«, krächzte Mama Rabe.
Um Himmels willen, fliegen! Papa Murmeltier wurde schon beim Gedanken daran schwindelig.
Und das kleine Murmeltier? – Das hätte Fliegen toll gefunden, aber natürlich wusste es, dass Mama und Papa leider keine Flügel hatten.

Der Murmelpapa wollte schon weiter zu den Hasen, da sah er Papa Fuchs durchs Gras schleichen und überlegte sich, dass die schlauen Füchse doch eigentlich auch ein schlaues Einschlafrezept wissen könnten.

»Schon«, sagte Papa Fuchs, als Papa Murmeltier ihn danach fragte. »Es ist mir nur ein bisschen peinlich.«

»Peinlich?«, wunderte sich Papa Murmeltier.

»Nun ja«, sagte Papa Fuchs. »Wir erzählen unseren Kleinen immer Murmeltiergeschichten. Die finden sie so schrecklich langweilig, dass wir noch keine einzige zu Ende erzählen mussten.«
»Verstehe«, sagte Papa Murmeltier.
Aber das kleine Murmeltier verstand überhaupt nichts, denn was Spannenderes als Murmeltiergeschichten gab es doch wohl nicht!

Und die Hasen? Was rieten die dem Murmelpapa? – Hoppeln! Fast hätte man es sich denken können.
»Auf den Rücken setzen, fest die Ohren drüberklappen und dreimal um die Wiese hoppeln, davon ist noch der wildeste Hasenfeger eingeschlafen«, mümmelte Mama Hase.

Papa Hase machte es sogar vor, und es klappte: Der kleine wilde Hasi schlief schon nach der ersten Runde wie ein Murmeltier.
»Aufs Hoppeln kommt's gar nicht so an«, erklärte Mama Hase. »Wichtiger sind die drübergeklappten Ohren.«
Und Papa Murmeltier hatte sich schon überlegt, es mal mit dem Hoppeln zu probieren …

Doch, das Hoppeln hätte sich der Murmelpapa noch zugetraut, und dem kleinen Murmeltier hätte es bestimmt gefallen. Aber ob es dabei eingeschlafen wäre? Und woher die Ohren zum Drüberklappen nehmen? – Wenn Papa Murmeltier es sich überlegte, war er auf seiner Suche nach einem Einschlafrezept noch nicht so richtig weit gekommen.
Und genau da fielen ihm die Bären ein. Niemand im ganzen großen Wald war so verschlafen wie die Bären. Wenn jemand ein gutes Einschlafrezept wusste, dann doch wohl sie!

Von da an pfiff der Murmelpapa fröhlich vor sich hin und das kleine Murmeltier pfiff fröhlich mit, weil es ja nicht wissen konnte, warum sein Papa so gute Laune hatte. Der halbe Wald schaute den beiden nach und wunderte sich: Hatten die Fledermäuse nicht überall herumerzählt, dass das kleine Murmeltier einschlafen sollte?

Papa Murmeltier glaubte fest, dass ihm die Bären helfen konnten. Aber Pustekuchen!
»Ein … Einschlafrezept?«, gähnte Papa Bär. »Haben … wir … nicht.«
»Hatten … wir … noch … nie«, gähnte Mama Bär.
»Brauchen … wir … auch … nicht«, gähnte Papa Bär.

Zwischen den beiden lagen leise schnarchend die Zwillingsbärchen Brimmel und Brammel. Papa Murmeltier wünschte noch eine geruhsame Nacht, aber da schnarchten Papa und Mama Bär schon mit ihren Kleinen um die Wette.
Und das kleine Murmeltier? – Das musste schrecklich gähnen. »Uaaahhhh!«

Papa Murmeltier gähnte auch und fragte trotzdem tapfer weiter. Die Elche zum Beispiel. Und die Igel. Sogar die Fische und die Frösche. Aber du liebe Güte, was er da alles zu hören bekam!

Die Elche wiegten ihre Elchlein gern auf den Schaufeln in den Schlaf. Die Igel kämmten ihren Igelchen die Stacheln, damit sie sich nicht selber piksten. Die Fische empfahlen Schlaflieder

tief unten auf dem Grund des Sees und die Frösche protestierten: Wenn Schlaflieder, dann gequakt und schön auf einem Seerosenblatt!
Wahrscheinlich waren es sogar gute Einschlafrezepte, aber dass eins davon auch für kleine Murmeltiere taugte, glaubte der Murmelpapa nicht.
Und das kleine Murmeltier? – Das schien das alles gar nicht mehr zu interessieren. Jedenfalls machte es keinen Mucks.

Der Himmel färbte sich immer dunkler und Papa Murmeltier beschloss, den Heimweg anzutreten. Bald wurde es stockfinstere Nacht und ihm fiel auch niemand mehr ein, den er noch hätte fragen können. Höchstens die Wölfe. Das waren liebe alte Freunde, aber sie streunten mal hier, mal da im Wald herum, die hätte er erst mal finden müssen. Das waren Papa Murmeltiers Gedanken, als er plötzlich in zwei freundlich funkelnde Augenpaare schaute. Es waren Mama und Papa Wolf, die ihm entgegenkamen.

»Wir haben's schon gehört: Du suchst ein gutes Einschlafrezept für euer Schnuckelchen«, knurrte Papa Wolf.
»Und wisst ihr zufällig eins?«, fragte Papa Murmeltier.
»Sicher doch«, antwortete Mama Wolf. »Heulen.«
»Heulen?«, wunderte sich Papa Murmeltier.

»Hört sich vielleicht komisch an, klappt aber tadellos«, knurrte Papa Wolf. »Nichts lässt die Kleinen besser einschlafen als entsetzlich lautes Heulen.«
»Hm«, machte Papa Murmeltier, für den sich das tatsächlich komisch anhörte.
»Wir können es gern ausprobieren«, knurrte Mama Wolf. Dann senkte sie die Stimme und fuhr fort: »Aber es ist ja wohl nicht mehr nötig.«

»Wie, nicht mehr nötig?«, fragte Papa Murmeltier, dann merkte er es selbst: Das kleine Murmeltier war eingeschlafen und man hörte es schnarchen wie die kleinen Bären.
Von da an ging der Murmelpapa leise, ganz leise auf den Pfotenspitzen, aber das wäre gar nicht nötig gewesen. Das kleine Murmeltier wachte noch nicht mal auf, als er es zu Hause vom Rücken hob und in seine Schlafecke legte.

Und am nächsten Abend? Und überhaupt?
Am nächsten Abend probierten es die Murmelmama und der Murmelpapa mit dem entsetzlich lauten Heulen, aber das ging entsetzlich schief, weil ihr kleines Murmelchen davon nur noch wacher wurde.
Und überhaupt hatten sie ja ein prima Einschlafrezept gefunden: einmal mit dem Kleinen

auf dem Rücken durch den ganzen Wald spazieren und mit jedem, den man traf, ein bisschen plaudern: den Fledermäusen, den Bibern, den Raben, dem Fuchs, den Hasen – mit allen. Spätestens bei den müden Bären musste ihr kleines Murmelchen dann gähnen und irgendwo zwischen den Elchen und den Wölfen schlief es ein. Wo genau, fanden die Murmeleltern nie heraus, aber eigentlich war es auch nicht so wichtig.

**Ausführliche Informationen über
unsere Autorinnen und Autoren und ihre Bücher
finden Sie unter www.dtv.de**

Anu Stohner, 1952 in Helsinki geboren, lebt als freie Autorin und Übersetzerin in der Nähe von Heidelberg. Mit Henrike Wilson arbeitet sie schon viele Jahre zusammen. Zu den großen Erfolgen der beiden zählen die in über zwanzig Sprachen übersetzten Bilderbücher vom »Kleinen Weihnachtsmann« und vom »Schaf Charlotte«. Die hier erzählte Murmeltiergeschichte hat sich einmal ganz ähnlich unter Menschen abgespielt und endete damit, dass ein kleines Mädchen jeden Abend ein paarmal um den Block getragen wurde. Auch im Winter!

Henrike Wilson, 1961 in Köln geboren, studierte dort und in den USA Grafikdesign und Malerei. Heute lebt sie als freie Illustratorin in Berlin. Sie hat drei tolle Söhne, die ihr jederzeit, in vollem Umfang, eine große Inspiration sind.

Originalausgabe
© 2021 dtv Verlagsgesellschaft mbH & Co. KG, München
Text: Anu Stohner
Umschlag- und Innenillustration: Henrike Wilson
Gesetzt aus der Caslon
Satz: Gaby Michel, Hamburg
Druck und Bindung: Grafisches Centrum Cuno, Calbe
Printed in Germany · ISBN 978-3-423-76349-3